マイケル・ホール
上田勢子 訳

Red
レッド
あかくてあおいクレヨンのはなし

さあ、はじまります！

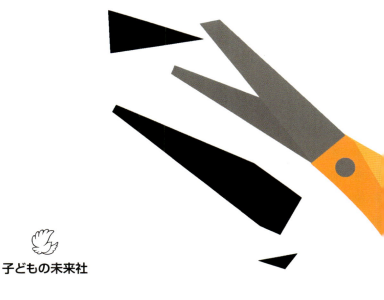

子どもの未来社

レッドは、あかい
　　クレヨンです

あら
まあ。

せんせいは、もっとれんしゅうすれば
できるようになる とおもいました。

あかい
イチゴを
かくから、
まねして
かいて
みて。

きっと
できるわ!

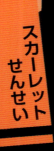
スカーレット
せんせい

レッド

でも、じょうずにできません。

こうかな?

あらぁ!
もういちど
やって
みましょう。

おかあさんは、ほかのいろのともだちと
いっしょならうまくいくわ
と かんがえました。

あなたたち、
ふたりで
かいて
ごらん
なさい。
まるい
ミカンをね。

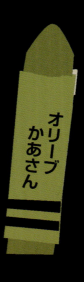

オリーブ
かあさん

いいよ、
大きい
のを
かくね。

きれいな
オレンジ
いろのをね!

でも、できあがったのは
おおきなみどりいろのまるでした。

うわぁ！

★この絵本を見つけた時うれしくなりました。アメリカでは「多様性」についての本がたくさんありますが、この絵本はクレヨンの色で多様性を表現するというアイディアが抜群です。多様な色の中で、ラベルに縛られず自分の本当の色に気づけるように、日本の子どもたちにこの本を届けたいと思います。
（上田勢子、本書訳者・アメリカ在住）

★「幼い人は、すんなりわかる。いっしょに読みながら、痛みを感じるオトナが、たくさんいますように。」（金井景子、早稲田大学教育学部教授・ジェンダー学）

★シンプルで楽しい幼児絵本。子どもたちには最初からこの子が青だとわかるので、他のクレヨンのまちがった思い込みにツッコミを入れながら読んで、最後は喝采。子どもがレッドの味方をしていっしょに楽しめば、それでＯＫ。
（ひこ・田中、作家・評論家）

★外面だけで思い込んでしまうことっていっぱいあります。でも大事なのは、本人が自分の色を大切にすること。一人一人が自分の色に気づけばみんな生きやすくなるはずです。（高橋れん、ＦＴＭの青年）

★外見と中身が違う違和感は、大なり小なり誰にでもある。その息苦しさと、そこから本人も周囲も解放される喜びが描かれている。これは、私とあなたの物語。（草谷桂子、作家・子ども文庫主宰）

★クレヨンの絵が素朴で好き、パープルってやさしいね、さいごがすごいと思った。（11歳女子）

★レッドの個性がわかる友だちがいてよかったと思った。（11歳男子）

★「みんな違ってみんないい」ではすくいきれない問題と解決法が、こんなにシンプルに表現できてしまうなんて！　絵本の力を語るときに、取り上げる本がまた増えました。（西山利佳、評論家・青山学院女子短期大学准教授）

★本当の自分を認めてもらえるって、なんてすてきなんだろう！　心と体の不一致に悩む子どもたちの救いになれば、また、理解するきっかけになればいいと思う。子を持つ親として、大人になるまでに真面目に理解してほしいので、ぜひ、小中学校で取り上げてもらいたい。（田中結花、ジュンク堂書店上本町店）

★周りの皆が最初からありのままのレッドを認めてあげていれば、何も苦しむことはなかったでしょう。良かれと思ってしているアドバイスや助けがレッドを追い詰めていたと思います。周りの理想と希望を叶えるために生きているのではないのです。自分自身、ありのままに、幸せになるために生きてほしい。全ての子どもたちへ。（岸朋子、大垣書店イオンモールＫＹＯＴＯ店）

なぜわたしがこの絵本をつくったか

マイケル・ホール（Michael・Hall）

　たいてい私は、絵本を創りはじめてかなり時間がたたないと、その本がなにを意味するのかを考えたりはしません。おもしろい形や言葉を並べ、遊びながら、自然にそれらが何かを表現するのを発見しようとするのです。『レッド』は、クレヨンのラベルの色と実際の色がちがっていたら思いもつかないことがあれこれ起きるだろう、と思って書きはじめました。でも「あまり赤くないね」「もっと努力しなくちゃ」といったクレヨンたちのセリフを書いていくうちに、私の中から過去に投げかけられた声が聞こえ始め、「これは自分自身の物語でもある」と気づいたのです。というのは、私には読字障害があるからです。

　赤いラベルを貼られた「レッド」は、どれだけうまく赤いものを描けるかということで、自分の能力を決めていました。周りの人たちは、助けようとしてできるかぎりのことをしました。でも、だれもラベルの向こう側を見ることができません。そのせいで、みんなの言動は状況を悪くするだけでした。これは、私たちが互いに傷つけあってしまうのは意地悪な気持ちからではなく、単に無知によるものだということを表しています。

　この本が、人を外見で判断することや、だれにでも長所と弱点があるということ、自分自身に正直であることがどれほど重要かなどについて、話し合うきっかけになってくれればと思います。読者には、子どもにまちがったラベルが貼られているかもしれないこと、子どもを失敗ではなく成功によってだけ判断しようとすることや、自分の居場所を見つけることの大いなる喜びについて、考えを巡らせていただければと願っています。（上田勢子訳・抜粋）

あーあ。

おじいちゃんとおばあちゃんは、
さむがっているのではないかと
　　　　　しんぱいしました。

がっこうで
じぶんの
えをかくの
だってね。
スカーフを
まいていくと
いいよ。

それは
いい！
にあう
はずだよ。

でも、やっぱりうまくいきませんでした。

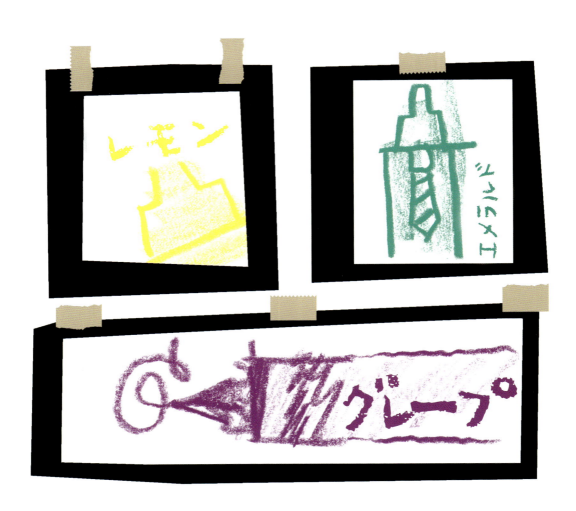

おやおや、
どうした
ものかね。

クラスのみんなは、
　くちぐちにいいました。

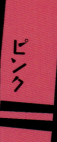

レッドって、
ほんとに
あかなの
かな？

あたりまえ
でしょ。
「レッド」
って
かいて
あるもの。

ちいさい
ときから
そう
だったよ。

でもさ、
あんまり
あかく
ない
よね？

うーん、
なまけて
いるんじゃ
ないか？

そうだ、
どりょく
しなく
ちゃね。

そうそう、
もっと
がんばれ！

ゆっくり
まとう。
じかんが
ひつよう
だよ。

うん、
きっと
できる
はず
だよ。

グレープ

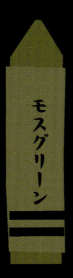
モスグリーン

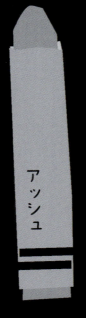
アッシュ

レモン

エメラルド

でも、いくらまってもかわりません。

みどりの
カエル
だよ!

くろい
ヒツジだ!

ぶんぼうぐたちが、たすけにきました。

セロテープは、レッドが
おれているんじゃないか
と、いいました。

こうすれば
くっつく
だろう？

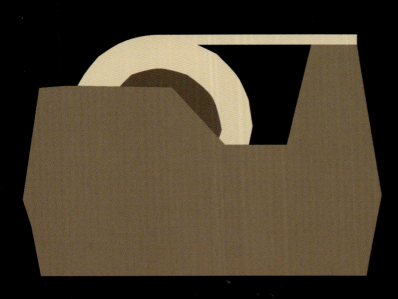

はさみは、ラベルがきつすぎるのだと、かんがえました。

ここを
ちょっと
きれ
ば、
らくに
なるよ。

わたしは、
けずればいい
と、おもいました。

ほら、
じっと
して。

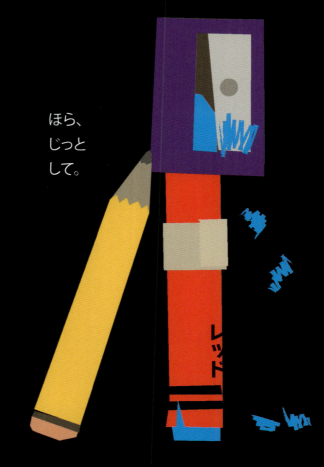

みんなそろって てつだっても

レッドが どんなにがんばっても

やっぱり うまくいきませんでした。

クレヨン

あるひ、あたらしいともだちが やってきました。

ぼくの
ふねに
うみを
かいて
くれる？

うみは
かけないよ。
あか、
だもの。

やって
みて
くれない?

レッドが やってみると……

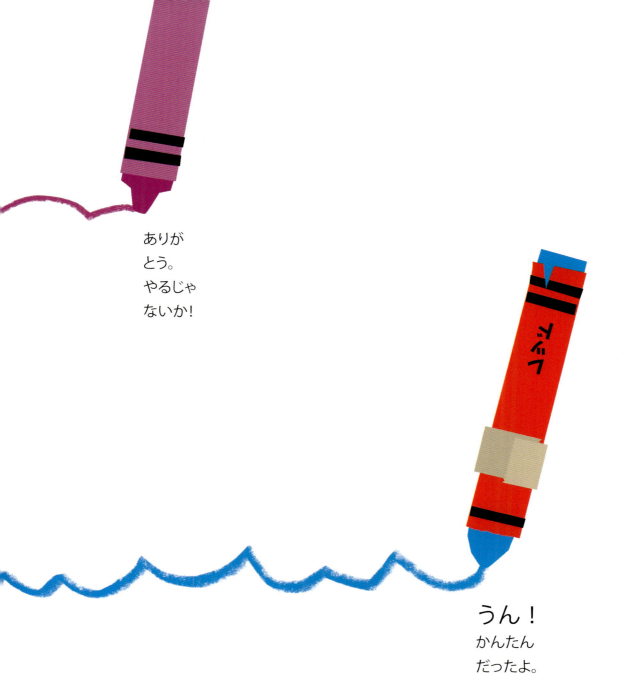

ありが
とう。
やるじゃ
ないか！

うん！
かんたん
だったよ。

レッドは どんどんかきだしました。

レッドは、あか、
あおだったのです。
みんな、また はなしだしました。

レッドが
かがやき
だし
たわ！

レッドが
ブルー
だなんて
だれか
きづい
てた？

わたし、
しってた。
レッドは
ブルー
だって。

よく
かんがえて
みれば、
わかった
はずだよ。

レッドの
かいた
うみ、
すてき
だろう？

あおい
とりも、
あおい
はなも、
どれも
いいね！

オリーブ
かあさん

オレンジ

ベージュ

ココア

パープル

エメラルド

あおい
イチゴ
だって、
すてきよ。

かっこ
いい
よね。

レッドと
みどりの
トカゲを
かこう。
おっきい
のをね！

レッドは
もう
おおきなえをかきはじめているようだよ。

ええ、
そらまで
とどいて
しまうかも
しれないわ。

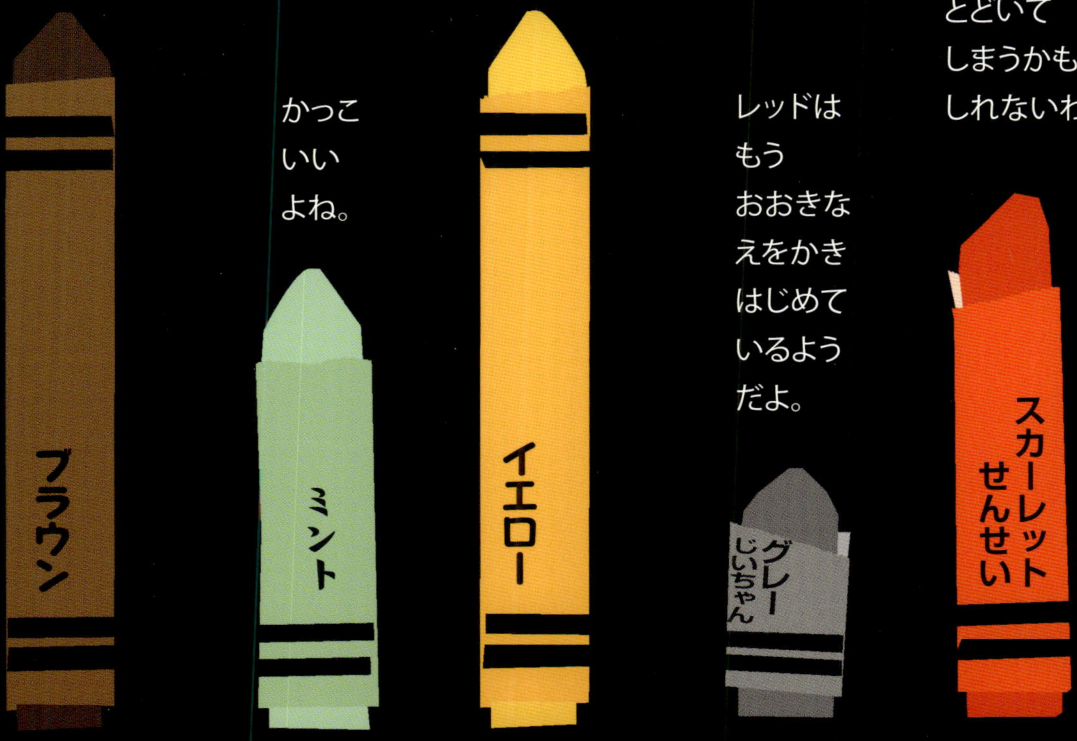

ブラウン

ミント

イエロー

グレーじいちゃん

スカーレットせんせい

マイケル・ホール（Michael Hall）

アメリカのミネソタ州ミネアポリス在住。絵本作家。
マイケルの絵本は何度もニューヨークタイムズ・ベストセラーに選ばれている。
絵本作家になる前は、デザイナーとして多くの賞を受賞し、セントポール市やマカレスター大学、ミネソタ歴史保存協会、ヘネピン郡医療センターなどのシンボルマークをデザインした。
本書『レッド』（"Red: A Crayon's Story"）は、グッドリーズチョイス賞、ブックリスト・ベストピクチャーブックス賞受賞。多くの賞の最終選考に残り、2016年アメリカ図書館協会のレインボーリスト（LGBTQの青少年向けの本対象）に選ばれた。

訳／上田勢子（うえだ せいこ）

1955年東京生まれ。慶應義塾大学卒。1979年よりカリフォルニア州在住。
現在までに約90冊の児童書と一般書の翻訳を手がけている。主な訳書に「こころの救急箱」シリーズ全6巻、「学校のトラブル解決」シリーズ全7巻、『きみにもあるいじめをとめる力』『ネット依存から子どもを守る本』『ストーカーから身を守るハンドブック』「わかって私のハンディキャップ」シリーズ全6巻（以上大月書店）、「子どもの認知行動療法」シリーズ全8巻（明石書店）などがある。

Red: A Crayon's Story
Copyright©2015 by Michael Hall
Published by arrangement with HarperCollins Children's Books, a division of
HarprCollins Publishers through Japan UNI Agency, Inc., Tokyo.
All rights reserved.

レッド　あかくてあおいクレヨンのはなし

2017年1月21日　第1刷発行
2025年2月8日　第9刷発行

作　マイケル・ホール
訳　上田勢子
発行者　奥川 隆
発行所　子どもの未来社
　　　　〒101-0052 東京都千代田区神田小川町 3-28-7-602
　　　　TEL 03-3830-0027　FAX 03-3830-0028
　　　　E-mail：co-mirai@f8.dion.ne.jp
　　　　http://comirai.shop12.makeshop.jp/
　　　　振替 00150-1-553485
印刷・製本　シナノ印刷株式会社

©2017 Seiko Uyeda Printed in Japan　ISBN978-4-86412-116-3　C8797　NDC933
40頁　26.4cm×18.8cm
＊乱丁・落丁の際はお取り替えいたします。
＊本書の全部または一部の無断での複写（コピー）・複製・転載および磁気または光記録媒体への入力等を禁じます。複写を希望される場合は、小社著作権管理部にご連絡ください。